AF562408

M. DE SÉGUR D'AGUESSEAU,

Ancien Magistrat, ancien Préfet,
Représentant du peuple (Hautes-Pyrénées).

L'aïeul de l'honorable législateur auquel ces lignes sont consacrées, et qui joignait à l'illustration de la naissance, celle d'écrivain célèbre, à divers titres, a dit que *la louange la plus juste ressemble à la flatterie*. Cela est vrai jusqu'à un certain point; mais qu'y faire, lorsque cette louange, légitime dans ce cas, ressort virtuellement de l'exposition impartiale des faits? Quant à nous, une telle considération nous touche peu, forts que nous sommes de notre conscience qui nous oblige à être fidèles à la vérité historique avant tout. A cet égard, nos preuves sont faites depuis longtemps, et au besoin, on en aurait une nouvelle par le présent article.

M. de Ségur d'Aguesseau (Raymond-Joseph-Paul), né à Paris, en 1803, et marié en 1845 en secondes noces à la princesse Valentine Lubomirska, issue de l'une des plus anciennes et des plus illustres familles de Pologne, est arrière-petit-fils du maréchal de Ségur, ministre de la guerre sous Louis XVI; arrière-petit-fils du chancelier d'Aguesseau par son père et par sa mère; petit-fils du comte de Ségur, ancien ambassadeur de France

1849

en Russie, ancien grand-maître des cérémonies sous l'empire, auteur de l'*Histoire universelle* et membre de l'Académie française; frère puîné de M. de Ségur, ancien pair de France, aujourd'hui président du Conseil d'administration du chemin de fer de Strasbourg, et de M. de Ségur Lamoignon, ancien pair de France, qui a prononcé plusieurs discours remarquables, notamment en 1842 dans la fameuse discussion de la question du droit de visite; neveu du général de division Philippe de Ségur, membre de l'Académie française, auteur de l'*Histoire de Napoléon et de la Grande armée* pendant la campagne de 1812; neveu de M. Molé, ancien ministre, membre de l'Académie française, Représentant du Peuple, etc.

Après ses études de droit, commencées à Paris en 1819, suspendues pour cause de maladie, reprises et achevées d'une manière assez brillante en 1825, à Aix en Provence, M. de Ségur d'Aguesseau devint avocat stagiaire à la cour royale de Paris (1827 et 1828).

Il fut auditeur au Conseil d'état, attaché au Comité du contentieux (1829). La manière dont il y fit quelques rapports, lui valut les éloges de MM. Allent, Tarbé de Vauxclairs, Maillard et autres conseillers d'État.

Il fut nommé substitut du procureur du roi à Rambouillet (octobre 1829). A la fin de mars 1830, le secrétaire-général du ministère de la justice,

M. Rocher (aujourd'hui Conseiller à la Cour de cassation), qu'il n'avait jamais vu, lui annonça directement, que les notes qui existaient déjà au ministère sur son travail, déterminaient M. le garde-des-sceaux à le nommer substitut du procureur-général près la cour royale d'Amiens, avec le projet de le faire rentrer promptement dans le ressort de la cour de Paris, pour y occuper un poste important. Cette seconde nomination fut faite ainsi que la première, à l'insu de sa famille qui était tout entière dans l'opposition.

A cette époque si féconde en événements, la cour d'Amiens fut saisie de la question importante qui divisait alors les cours du royaume sur l'interprétation de la loi de 1828, relative à la permanence des listes électorales. L'opinion de M. de Ségur d'Aguesseau, faisant alors les fonctions d'avocat-général, devait, si elle eût été adoptée, tourner au profit des électeurs patriotes. Le procureur-général, M. Morgan de Béthune, violent royaliste, voulut lui imposer des conclusions contraires; il résista, et il s'attira, par sa conduite ferme, l'estime du procureur-général lui-même, et les éloges de ses collègues, au nombre desquels figuraient : MM. Boulet, alors deuxième avocat-général, aujourd'hui premier président de la même cour; Bosquillon de Fontenay, alors premier avocat-général près de cette cour, et aujourd'hui conseiller à la cour d'appel de Paris, et M. Leserurier, alors premier substitut du procureur-général d'Amiens, et aujourd'hui procureur-général près la cour d'Orléans. La *Sentinelle Picarde* et la *Gazette des Tribunaux* (30 juin 1830) publièrent les conclusions de M. d'Aguesseau.

Nommé substitut du procureur du roi à Paris (août 1830) par M. Dupont (de l'Eure), M. de Ségur d'Aguesseau fut chargé, pendant les derniers mois de 1830, du service de la septième chambre correctionnelle. Ce fut sur ses réquisitions, que le tribunal condamna d'abord la *Société des Amis du Peuple*, et ensuite plusieurs journaux incendiaires, tels que *le Patriote*, *la Révolution de 1830* et autres, qui n'avaient pas voulu se soumettre aux lois de police sur la presse remises en vigueur. Ses réquisitions furent jugées dignes d'être insérées au *Moniteur* (16 octobre 1830).

Il fut nommé préfet des Hautes-Pyrénées (juillet 1833) par M. d'Argout.

La parfaite intelligence qui existait entre lui et le respectable évêque, monseigneur Double, produisit le plus heureux effet sur l'esprit du clergé, et facilita le rétablissement de la paix dans plusieurs localités égarées par des émissaires de Châtel, ce prêtre apostat dont nous avons tous vu le culte dérisoire dans un hangar du faubourg Saint-Martin. M. d'Aguesseau reçut à ce sujet les éloges de M. d'Argoût et de M. Persil, alors ministre de la justice et des cultes.

Diverses mesures de rigueur furent nécessaires dans l'intérêt de l'autorité méconnue, et quelque désagrément qu'il dût en résulter pour le préfet, M. de Ségur d'Aguesseau n'hésita pas à les prendre. De ce nombre sont la suspension de la garde nationale de Tarbes (avril 1834), et plus tard (1835), l'annulation de plusieurs délibérations illégales du conseil municipal de cette même ville, annulation suivie de la démission des trois quarts des membres de ce conseil.

C'est à l'occasion de cette dernière mesure que l'autorité supérieure mal informée crut devoir éloigner des Pyrénées M. de Ségur d'Aguesseau; mais M. le ministre de l'intérieur, apprenant bientôt que les élections municipales qui s'opéraient au moment même où la nouvelle du changement du préfet arrivait à Tarbes, avaient condamné la plupart des conseillers démissionnaires, et envoyé en majorité de nouveaux mandataires favorables à ce magistrat, s'empressa de lui écrire à ce sujet une lettre de félicitations et le fit nommer chevalier de la Légion-d'Honneur. — Pendant cette première partie de son administration dans les Hautes-Pyrénées, M. de Ségur d'Aguesseau avait donné une vive impulsion à tous les travaux publics, notamment à ceux qui concernaient les établissements Thermaux, sources principales de la richesse de ce département.

Préfet du Lot (de juillet 1835 à juillet 1837),

malgré la très grande contrariété que M. de Ségur d'Aguesseau éprouvait de son éloignement des Pyrénées, il se dévoua avec ardeur aux intérêts du nouveau département dont l'administration lui était confiée. Les honorables députés du Lot, entre autres, MM. Calmon, de Mosbourg, Boudousquié et Conté, lui ont, dans tous les temps, témoigné d'une manière particulière leur haute et précieuse approbation; et son nom a été donné, par le Conseil municipal de Cahors, au quai *des Badernes*, en souvenir de son concours actif et efficace aux travaux d'assainissement et d'embellissement de la ville.

M. de Ségur d'Aguesseau quitta le Lot pour retourner dans les Hautes-Pyrénées (août 1837), selon le désir qu'il en avait constamment manifesté. Le conseil d'arrondissement, alors réuni à Cahors, vota, à l'unanimité, une adresse qui lui fut remise par le président, et où se trouve l'expression la plus vive des regrets les plus flatteurs. Peu de temps après son arrivée dans les Pyrénées, il reçut une autre adresse de regrets et d'affection votée par le conseil municipal de l'une des principales villes du département du Lot, et une délibération prise à l'unanimité par la *Société agricole et industrielle* de ce même département, qui le nommait son vice-président, en témoignage de gratitude pour les services rendus par lui à cette société.

Préfet des Hautes-Pyrénées (de juillet 1837 à janvier 1838), M. de Ségur d'Aguesseau, à son retour à Tarbes, trouva l'accueil le plus flatteur : M. Thiers qui était à Cauterets en fut témoin. — Les conseils d'arrondissement et un grand nombre de conseils municipaux envoyèrent sur-le-champ à M. de Ségur d'Aguesseau, des adresses renfermant les plus honorables témoignages de satisfaction ; bientôt le conseil-général assemblé y joignit ses suffrages. Enfin, M. de Ségur d'Aguesseau ne put pas se soustraire à l'éclat d'une fête publique organisée au chef-lieu par toute la population ouvrière, avec le produit d'une souscription faite spontanément par elle. — Les huit conseillers municipaux, propriétaires des établissements thermaux de Cauterets, vinrent en masse lui apporter la délibération votée à l'unanimité par eux, pour donner son nom au nouvel établissement des Thermes de César et des Espagnols, dont la fondation était due à ses soins particuliers, concertés avez ceux de M. d'Estampes, sous-préfet d'Argelès, aujourd'hui sous-préfet de Saint-Sever (Landes). — D'un autre côté le conseil municipal de la commune de Saint-Lary dans la vallée d'Aure (arrondissement de Bagnères de Bigorre), décida aussi à l'unanimité que le nom de Ségur d'Aguesseau serait également donné à la cascade formée par la chute de la rivière entière de la Neste, que M. de Ségur d'Aguesseau avait détournée de son lit et encaissée dans un énorme rocher acheté de ses deniers, afin de préserver à l'avenir cette malheureuse commune et une partie de la vallée d'Aure, des désastres d'une nouvelle inondation pareille à celle qui désola cette délicieuse vallée en juillet 1834.—Les travaux évalués à 50,000 fr. par les ingénieurs des ponts-et-chaussées, furent déclarés d'urgence par M. de Ségur d'Aguesseau, qui n'hésita pas à en ordonner l'exécution immédiate sous sa responsabilité. La dépense qui, par le fait, n'excéda pas 30,000 fr., fut payée, partie avec les secours spéciaux du gouvernement, et partie au moyen des dons gratuits des communes et des particuliers. C'est le souvenir de ce bienfait que les habitants de la vallée d'Aure ont voulu perpétuer; et, en effet, le nom de M. de Ségur d'Aguesseau est gravé là, au-dessus de la Neste emprisonnée par lui, sur un marbre que M. Géruzet, industriel du plus grand mérite, établi à Bagnères, voulut fournir gratuitement.

Telle était la position administrative de M. de Ségur d'Aguesseau dans les Hautes-Pyrénées, lorsque s'ouvrirent les élections générales de 1837. Le ministère du 15 avril donna aux élections de ce département la plus fâcheuse direction. Ainsi, il ne voulait pas que le préfet se bornât, dans l'arrondissement de Bagnères, à manifester au nom du gouvernement la préférence accordée à M. Gauthier d'Hauteserve qu'on regardait comme appartenant à la majorité ministérielle; il voulait que le préfet agît personnellement et de la manière la plus vive, quoique pourtant M. Gauthier d'Hauteserve n'eût pas d'autre concurrent que le général d'Uzer, l'un des hommes les plus estimés et les plus estimables des Pyrénées, et qui se présentait comme ami sincère de nos institutions. — Les partisans de M. Gauthier se voyant ainsi soutenus par M. le ministre de l'intérieur dont les instructions confidentielles étaient connues d'eux avant d'arriver à la préfecture, ne se refusèrent aucun moyen; rien ne fut épargné. C'est dans ces circonstances, au dernier jour, que quelques électeurs ayant demandé à M. de Ségur d'Aguesseau, électeur lui-même dans les Pyrénées, quelle était son opinion personnelle sur la lutte engagée à Bagnères, il répondit par écrit que, puisqu'on l'interpelait, il déclarait franchement qu'il ne comprenait pas comment on hésitait entre M. Gauthier d'Hauteserve et M. le général d'Uzer, et il autorisa le citoyen honorable à qui il écrivait (1), à faire l'usage qu'il jugerait convenable de cette réponse : elle fut publiée. — La situation se compliqua encore par les élections de Tarbes, où M. de Ségur-d'Aguesseau appuya et fit triompher la candidature de M. La-

(1) M. Aristide Lasserre, alors maire de Bagnères de Bigorre.

porte, candidat conservateur indépendant, contre M. Dintrans, candidat ministériel. — Aussitôt après les élections, M. de Ségur-d'Aguesseau fut mandé à Paris et destitué.

Il rentra dans sa famille où il se consacra entièrement à l'éducation de ses enfants issus d'un premier mariage (1).

Il fut deux fois candidat à la députation dans l'arrondissement de l'Aigle (Orne), en concurrence avec M. de Tracy (1839 et 1842). Il ne manqua sa nomination que de quelques voix.

Il en fut de même en avril 1848 dans les Hautes-Pyrénées, où les élections se firent, comme dans tant d'autres départements, sous la pression violente des passions révolutionnaires surexitées par

(1) En 1825, M. de Ségur d'Aguesseau avait épousé à Rome la fille du général de Svetchine, ancien gouverneur de Pétersbourg sous Paul 1er. Mme d'Aguesseau avait reçu l'éducation la plus distinguée de sa belle-mère, Mme de Svetchine si connue, à Paris et dans le Nord, par la supériorité et l'extrême amabilité de son esprit, par l'étendue et la variété de ses connaissances, et par sa haute piété. M. d'Aguesseau devint veuf en 1836. Les étrangers qui ont visité le cimetière si pittoresque de Luz-Saint-Sauveur (Hautes-Pyrénées), ont dû remarquer comme nous, à l'un des points culminants de ce lieu sacré, une tombe modeste sur laquelle est gravée l'inscription

les fameuses circulaires de Ledru-Rollin (1). Mais en mai 1849, les électeurs des Hautes-Pyrénées, délivrés de la tyrannie démagogique et livrés à eux-mêmes, ont rendu une éclatante justice à leur ancien préfet. Celui-ci leur avait adressé, dès le 25 mars, la circulaire suivante :

---

suivante, « hommage pieux et perpétuel du dévouement le plus constant et le plus tendre.

ICI REPOSE

NADINE-MARIE-ESPÉRANCE

DE SVETCHINE,

COMTESSE DE SÉGUR D'AGUESSEAU,

Née à Moscou,

Décédée à Saint-Sauveur,

Le 15 juillet 1836.

—

Après avoir fait le bonheur
De son mari et de ses enfants
Qu'elle aima,
Comme peu d'épouses et de mères
Ont aimé,
Elle est morte ainsi qu'elle a vécu,
Résignée et pieuse
Comme un ange !

La mémoire de cette dame respectable est en grande vénération dans toute la vallée de Luz-Saint-Sauveur, et particulièrement dans le cœur de tous les pauvres de la contrée.

(1) M. Deville ne l'emporta cependant que de 300 voix sur M. de Ségur d'Aguesseau.

Citoyens,

« Les 17,465 suffrages que vous m'avez donnés, l'année dernière, aux élections du 23 avril, malgré les intrigues et les calomnies, et en dépit des efforts de tous les agents du gouvernement de cette déplorable époque, me déterminent à rentrer dans l'arène électorale pour briguer l'honneur de représenter les Hautes-Pyrénées à la prochaine assemblée législative.

Je m'offre à vous tel que je me suis offert la première fois, avec les mêmes principes, les mêmes convictions, le même dévouement.

L'année laborieuse qui vient de s'écouler a mis à nu toutes nos plaies sociales; mais elle a aussi, grâce à Dieu, révélé toutes nos forces invincibles.

Pendant la victoire des journées de juin, de ces journées à la fois si douloureuses et si glorieuses, la France entière, se levant comme un seul homme, a montré au monde attentif et inquiet, qu'elle ne subira jamais l'exécrable domination de ces démagogues insensés qui, dans leur fureur sauvage, voudraient, en abolissant la Propriété, la Famille, la Religion, bouleverser, anéantir l'Ordre social, et faire de notre beau pays, de cette patrie de la civilisation, la terre maudite de la Barbarie!

Oui, Citoyens, le triomphe définitif de l'Ordre et de la Liberté sur l'anarchie est assuré, si le Peuple sait et veut compléter par les élections du 13 mai, sa grande œuvre du 10 décembre qui a déjà fait éclater aux yeux de tous, son admirable bon sens.

Il faut que l'assemblée législative soit en harmonie parfaite avec le Président de la République, l'Élu de la Nation, et qu'elle lui prête un concours loyal et puissant pour la prompte et fidèle exécution de son noble manifeste.

Elle devra se mettre à l'œuvre sans aucun retard. Après de si longues et de si profondes souffrances, toute nouvelle hésitation, toute nouvelle prolongation d'incertitudes, deviendrait un péril imminent en portant dans les âmes le découragement le plus funeste.

1° Avant tout, rétablir d'une manière solide et durable la sécurité, la paix publique, l'ordre enfin dont la France a soif, qu'elle veut, et qu'elle aura; et, pour satisfaire à ce premier besoin de la Patrie, organiser et mettre en action contre les démagogues, le système répressif le plus énergique à l'aide des deux grandes forces sociales, la force judiciaire et la force armée;

2° Une fois la société suffisamment armée par les lois pour écraser ceux qui tenteraient, à l'avenir, de substituer la violence, la force brutale à la libre discussion de la tribune et de la presse, et leurs volontés individuelles à la volonté générale constitutionnellement exprimée par la majorité des Représentants du Peuple; une fois, dis-je, l'ordre public ainsi raffermi et garanti, s'associer aussitôt et sans crainte à la générosité du Président, et proclamer avec lui l'oubli du passé par l'abolition de toutes les lois de proscription et par le bienfait d'une amnistie générale;

3° Poser nettement, solennellement, irrévocablement à la face de l'Europe, le principe fondamental de notre politique extérieure, le principe impérieusement dicté et par le respect sacré pour l'indépendance souveraine de toutes les nations, et par l'honneur comme par l'intérêt de la prospérité du pays, savoir : *la non-intervention dans les affaires intérieures des autres peuples*, principe également obligatoire pour tous les gouvernements; et proclamer avec la même netteté, la même solennité, nos sympathies constantes, invariables pour tout progrès réel de la liberté civile et politique, sur quelque point du globe qu'il se produise;

4° La confiance générale renaissant bientôt à la faveur de l'ordre, de la sécurité et de la paix, ramenés et garantis par une bonne politique intérieure et extérieure, relever, restaurer nos finances si gravement compromises, et, dans ce but, user du crédit redevenu facile, et opérer de sages économies par d'utiles réformes;

5° Nos finances étant relevées, améliorées, et les recettes s'accroissant progressivement, commencer ou continuer avec un zèle religieux, l'accomplissement de tous les devoirs solennellement rappelés et imposés par le magnifique préambule de la Constitution où l'assemblée nationale proclame, en présence de Dieu et au nom du Peuple français, « Que la France, en se constituant en République, s'est proposé pour but de marcher plus librement dans la voie du progrès et de la civilisation, d'assurer une répartition de plus en plus équitable des charges et des avantages de la société, d'augmenter l'aisance de chacun par la réduction graduée des dépenses publiques et des impôts, et *de faire parvenir tous les Citoyens, sans nouvelle commotion, par l'action successive et constante des institutions et des lois, à un degré toujours plus élevé de moralité, de lumières et de bien-être*; » par conséquent, entreprendre toutes les améliorations, tous les travaux utiles, créer, ou développer, ou encourager toutes les institutions sociales ayant pour objet de répandre ou d'accroître parmi les Citoyens la moralité, les lumières et le bien-être;

6° Enfin, après avoir si utilement, si patriotiquement employé les deux premières années de la législature, en respectant scrupuleusement la Constitution, provoquer la révision de cette Constitution conformément à son article 111, et signaler les modifications reconnues indipensables pour le perfectionnement des institutions républicaines démocratiques, notamment les conditions d'une organisation vigoureuse pour le pouvoir exécutif issu du suffrage universel.

Telle est la marche qui me paraît tracée par la prudence, par le bon sens, et commandée par le salut public.

Ainsi, en résumé :

Rétablir définitivement l'ordre, la sécurité, la paix publique, par le système répressif le plus énergique ;

Abolir toutes les lois de proscription et accorder une amnistie générale, aussitôt que la force, dont la société aura été armée pour l'avenir, permettra la générosité sans danger pour la patrie ;

Assurer la paix extérieure par la proclamation solennelle du principe de la non-intervention ;

Relever, restaurer et améliorer les finances ;

Entreprendre toutes les améliorations, tous les travaux utiles ; créer, ou développer, ou encourager toutes les institutions sociales, dont le but est de faire parvenir tous les citoyens à un degré toujours plus élevé de moralité, de lumières et de bien-être ;

Enfin, provoquer régulièrement la révision de la Constitution pour le perfectionnement des institutions républicaines démocratiques.

Tel est, citoyens, mon programme politique.

Je le sens tellement pur, tellement conforme aux intérêts de mon pays, que je ne crains pas de jurer ici de consacrer à la poursuite de sa réalisation tous mes efforts, avec l'énergie et la persévérance dont je suis capable, si j'ai l'honneur d'être investi du mandat populaire par la majorité de vos suffrages.

Recevez, Citoyens, la nouvelle assurance de mes sentiments patriotiques et dévoués. »

SÉGUR D'AGUESSEAU,
Ancien Préfet des Hautes-Pyrénées.

Paris, ce 25 mars 1849.

Cette fois l'imposante majorité des opinions honnêtes et modérées du département a placé M. de Ségur d'Aguesseau (1) en tête de ses représentants à l'Assemblée nationale, où, dès la deuxième séance, le 29 mai, il a révélé à la tribune un bon sens supérieur et un courage éloquent.

Un nouvel élu, le sieur Landolphe, compromis depuis dans le vaste complot du 13 juin, voulant se faire remarquer de ses collègues de la Montagne par une de ces manifestations de républicanisme fanatique habituelles aux ultra-démocrates, se plaignait de ce que la veille, dans sa première séance, l'Assemblée, oubliant de suivre l'exemple de la Constituante, n'avait pas acclamé

(1) Il a réuni près de 26,000 suffrages.

la République, *tandis qu'au dehors le peuple, plein de confiance,* semblait l'inviter à cette acclamation par la sienne, etc. — M. de Ségur d'Aguesseau s'élança aussitôt à la tribune et répondit avec une grande vigueur à l'espèce d'injonction que le Montagnard se permettait d'adresser à l'Assemblée ; cette réponse péremptoire demeura sans réplique. En voici la substance et les principaux passages :

« CITOYENS,

« Je ne me laisserai pas fléchir sous l'émo-
» tion que j'éprouve, la première fois que je
» monte à cette tribune, moi nouveau dans cette
» enceinte, moi nouveau dans une assemblée na-
» tionale ; mais je ne puis résister au sentiment
» qui m'anime, et ne pas protester contre l'abus
» qui a déjà été fait trop souvent de ce nom sacré
» *du peuple,* du peuple que nous représentons tous
» ici. (Vive approbation.)

» Il ne faut pas oublier que la Constitution de
» 1848, répétant en cela toutes les constitutions
» depuis 1791, déclare qu'on ne doit jamais con-
» fondre le Peuple français avec aucune fraction
» du peuple, et que c'est à l'universalité du Peuple
» français qu'appartient exclusivement la souve-
» raineté nationale. . . . .

» Si le citoyen auquel je réponds avait dit seu-
» lement que *le peuple* était hier autour du palais
» de l'assemblée, je ne réclamerais pas contre cette
» locution ordinaire; mais il a voulu associer à
» cette locution, imposer en quelque sorte, au nom
» d'une fraction du peuple, une manifestation
» éminemment nationale, alors..... et tous ses
» amis essaient aussitôt de séparer l'assemblée en
» deux camps..... afin de pouvoir dire dans toutes
» les feuilles publiques, ce soir, demain, tous les
« jours, à tout moment..... que d'un côté on a
» crié vive la République! et que de l'autre côté on
» a gardé le silence! Eh bien, oui! nous n'avons
» pas crié en même temps que vous, c'est la vé-
» rité, et je viens dire à la tribune, à la face de
» l'assemblée, à la face de la France, pourquoi
» nous n'avons pas crié après vous ». . . . .

Ici des interruptions violentes partant de la montagne aux cris de : *Vive la République démocratique et sociale!* M. d'Aguesseau dit avec vivacité :

« Si les citoyens, nos collègues, qui siégent de
» ce côté (la Montagne) ne veulent pas respecter la
» la liberté de la tribune, nous le constaterons;
» si c'est ainsi qu'ils entendent *la République*, nous
» ne voulons, certes, pas crier : Vive cette Répu-
» blique-là! Nous voulons la République de la
» liberté! Et la première de toutes les libertés,
» c'est la liberté de la tribune, parce qu'elle

» est la garantie et la condition de toutes les » autres !

» Je reprends donc, et je dis que si nous n'avons » pas crié tout à l'heure : *Vive la République!* c'est » que celui qui en donnait le signal compromet- » tait ce cri national en l'associant aux manifes- » tations violentes, séditieuses de cette fraction du » peuple qui entourait hier le palais de l'assem- » blée....... »

Concluez ! concluez ! s'écrie-t-on de divers côtés.

M. de Ségur d'Aguesseau répondant aussitôt avec force :

« Eh bien ! ma conclusion, c'est que, reprenant » tous nos droits, reprenant l'attitude qui nous » convient, nous devons, au nom de la Constitu- » tion de 1848, au nom de la souveraineté natio- » nale que nous exerçons, au nom du peuple que » nous représentons, au nom de l'universalité du » peuple français, nous devons nous lever tous en » criant : Vive la République ! ».

A ces derniers mots, l'assemblée tout entière, cédant comme à un mouvement électrique, se lève avec enthousiasme aux cris de : *Vive la République!*

Peu de jours après, dans la fameuse séance

du 11 juin, M. Ledru-Rollin ne garda plus aucune mesure ; il lui tardait de donner le signal de l'insurrection, qui, en effet, éclata le 13, mais que les dispositions aussi habiles qu'énergiques du brave général Changarnier, arrêtèrent à son début. Ce tribun vient de nouveau déclamer contre le pouvoir exécutif au sujet de l'expédition d'Italie. Il est, dit-il amphatiquement, *pour les nations, des moments suprêmes où les phrases sont inutiles,— et il n'y a autre chose à faire aujourd'hui que de demander la mise en accusation du Président de la République et des ministres. Cette demande, je la déposerai entre les mains du président de l'assemblée avant de descendre de la tribune.* Puis s'adressant par le regard au banc des ministres : *Vous avez au front une tache de sang; vous avez violé la Constitution au premier chef, mais nous la défendrons par tous les moyens possibles, même par les armes, etc.*

M. de Ségur d'Aguesseau, désirant que l'Assemblée mît promptement un terme à ce débat orageux par un ordre du jour motivé, monte à la tribune, et d'abord répondant en peu de mots aux paroles incendiaires de M. Ledru-Rollin, il fait remarquer que lorsque la minorité prétend que la Constitution est violée, c'est à la majorité de déclarer si cette accusation est fondée ou non, qu'autrement il n'y aurait plus ni jugement ni justice, puisque l'accusation serait elle-même la condamnation; puis apostrophant

vivement l'audacieux tribun, il s'écrie : « On a osé
» parler, permettez-moi de le rappeler, d'une ta-
» che de sang sur le front du ministère. —Voulez-
» vous que je vous dise sur le front de qui se trou-
» vent des taches de sang? C'est sur le front de
» ces hommes qui incessamment poussent à la
» guerre civile et à la guerre étrangère ; c'est sur
» leur front que je vois le sang des Siciliens qu'ils
» ont empêchés d'accepter la médiation française !
» c'est sur leur front que je vois le sang des Pié-
» montais que tous les démagogues de Rome et
» de Toscane n'ont pas su soutenir contre les atta-
» ques de l'Autriche et qu'ils ont empêchés de
» suivre les conseils prudents qui leur étaient
» donnés tout-à-la-fois par la France et par l'An-
» gleterre ! — C'est sur le front de ces hommes-là
» qu'il y a une tache de sang? Il y a encore une
» tache de sang sur leurs fronts, c'est celle de nos
» braves soldats qui ont été attaqués traitreuse-
» ment dans Rome, et qui, après avoir été appelés,
» accueillis par ces mots : *Siamo fratelli... Pace,*
» *pace. Nous sommes frères, paix, paix,* y ont trouvé
» la trahison et la mort ! »

Abordant ensuite le fond de la question, M. de Ségur d'Aguesseau démontra jusqu'à l'évidence, par l'exposition nette et précise de quelques faits, que le gouvernement avait été fidèle à la politique loyalement déclarée par lui, et acceptée par l'assemblée nationale. — « Et c'est pour cela, dit-il » en terminant, que je suis d'autant plus étonné » de l'audace avec laquelle on ose proposer, à » raison de ces faits, une accusation contre le mi- » nistère et contre le Président de la République » pour violation de la Constitution! Messieurs, à » une pareille audace il faut répondre par une » énergie égale, en votant immédiatement l'ordre » du jour motivé que j'ai l'honneur de déposer » sur le bureau de M. le président. »

Cet ordre du jour était ainsi formulé :

« L'Assemblée nationale, approuvant les explications données par le gouvernement sur l'expédition d'Italie, et animée de la plus vive sympathie pour nos braves soldats, passe à l'ordre du jour. » — Cette proposition vigoureuse ayant ranimé la discussion, M. Larabit, pour y mettre un terme, demanda l'ordre du jour pur et simple. M. d'Aguesseau s'y rallia aussitôt afin de prévenir toute division dans la majorité. « Attendu, dit-il, que le » vote de l'ordre du jour pur et simple, exprimera » parfaitement le dédain énergique de l'Assemblée » pour la proposition de mise en accusation faite » si audacieusement par le citoyen Ledru-Rollin. »

Obligé de nous renfermer dans de certaines limites, la notice de M. de Ségur d'Aguesseau a dû subir les conséquences de cette condition de nos travaux; mais telle qu'elle est, elle a, du moins, le mérite de donner une idée assez exacte de la carrière qu'il a si bien remplie jusqu'ici; un long avenir lui étant encore réservé par son âge, il y a tout lieu de croire, que de nouveaux titres à la reconnaissance publique seront ajoutés à ceux de son honorable passé, si digne des deux noms illustres qu'il porte.

TISSERON et J. DE LA H***,
ancien Conseiller-d'Etat.

Imp. de Mme de Lacombe, 14, rue d'Enghien.

www.ingramcontent.com/pod-product-compliance
Lightning Source LLC
LaVergne TN
LVHW010255230826
846091LV00007B/2987